I0053962

Swing Trading:

Aprende estrategias de expertos para incrementar tus ganancias y minimizar tus pérdidas al apalancar tu dinero

Por

Income Mastery

de los hechos y, como tal, cualquier falta de atención, uso o mal uso de la información en cuestión por parte del lector hará que las acciones resultantes sean únicamente de su competencia. No hay escenarios en los que el editor o el autor de este libro puedan ser considerados responsables de cualquier dificultad o daño que pueda ocurrirles después de realizar la información aquí expuesta.

Además, la información en las siguientes páginas está destinada únicamente a fines informativos y, por lo tanto, debe considerarse como universal. Como corresponde a su naturaleza, se presenta sin garantía con respecto a su validez prolongada o calidad provisional. Las marcas comerciales que se mencionan se realizan sin consentimiento por escrito y de ninguna manera pueden considerarse como auspicios de la misma.

TABLA DE CONTENIDOS

Introducción

Si te interesa el comercio y quieres aprender nuevas estrategias de inversión, este libro es para ti. A partir de estrategias de Swing Trading, psicología de mercado y análisis técnico adquirirás herramientas sumamente útiles para apalancar tu dinero de forma segura y efectiva y así, aumentar tus ganancias a mediano y largo plazo. Asimismo, aprenderás los beneficios de Swing Trading en relación con otros estilos de trading para que puedas decidir qué estrategias implementar en tus inversiones y garantizar el éxito que mereces.

Se realizará un estudio comparativo de varias estrategias de trading, tales como el Day Trading, el Scalping y finalmente, el Swing Trading. Analizaremos sus objetivos y los beneficios que ofrece cada una de ellas en función del trader, todo esto centrando el estudio en las técnicas del Swing Trading respectivamente.

Por otro lado, constantemente hay miles de millones de personas invirtiendo su dinero en el mercado con la expectativa de ganar más, nadie quiere ser el perdedor en cuestiones de dinero y, sin embargo, resulta utópico pensar que todos aquellos que toman los riesgos de mercado puedan ganar, entendiendo que los inversores son seres humanos con implicaciones psicológicas previamente conceptualizadas por especialistas, tienes la ventaja de estudiar la psicología de mercado y entender cómo opera la misma en este tipo de situaciones, entendiendo la conducta humana de forma masiva e individual y así, podrás sopesar estos datos a la hora de invertir.

De la misma forma, se estudiarán conceptos básicos que fundamentarán el entendimiento asertivo de esta área del conocimiento, así, cualquier interesado en comercio que tal vez no tenga gran experiencia en el tema, podrá comprender las bases del Swing Trading y todas sus implicaciones teóricas y prácticas, lo que aclarará cualquier duda o inquietud con respecto a este asunto tan relevante para el comercio internacional.

Aprenderás cuáles son las necesidades básicas para iniciarte en el ámbito del Trading, específicamente, el Swing Trading, qué exigencias debes tener en cuanto a un Broker de confianza, la infraestructura que cualquier trader debe procurar para llevar a cabo sus operaciones, logística pertinente, capital inicial, entre otros requisitos recomendables. Podría adelantarle al lector que para hacer Swing Trading, especialmente si se está iniciando en ello, debe tener paciencia. La paciencia es un elemento clave para hacer negocios de todo tipo y para el trader es esencial cultivarla, pues es necesario tomar decisiones calmadas y minimizar cualquier tipo de riesgos innecesarios.

Iniciar este tipo de dinámicas comerciales amerita un cambio de mentalidad, la cual debe estar orientada al éxito, siendo este el primer paso para lograrlo. Pensar de forma correcta permitirá que puedas aprovechar las condiciones dadas y dejar pasar las que implican riesgos de inversión. La calma asienta las bases adecuadas para tu futuro económico, decidir apresuradamente te hará ver oportunidades donde no las hay realmente y esto, sólo puede imponer posibles errores y pérdidas de dinero. La calma es tu mejor aliada, mientras que el miedo y la premura nunca traen buenas posibilidades de negocio.

En tal sentido, estas inquietudes se resuelven a través del aprendizaje constante, de manera que si estás leyendo esto, ya has dado los primeros pasos correctos para mejorar tu calidad de vida en el sector profesional y económico, pero también a nivel personal. Aprender nuevas estrategias te hará sentir la satisfacción de haber emprendido un nuevo camino, lo cual te abrirá puertas en todos los sentidos imaginables, ya que verás de qué eres capaz y esto no se limita al trading, sino a todos los ámbitos de la vida. Lo que aprenderás aquí se puede extrapolar a tu vida personal y todo aquello que desees aprender en el futuro.

Atender a los posibles riesgos es sumamente importante, de manera que también aprenderás el lado oculto del trading y entenderás cómo sobrellevar los lapsos en que el mercado se encuentre cerrado, todo esto será significativo a la hora de asumir estas estrategias y tener presente sus posibles bajas. Igualmente, aprenderás a analizar el mercado y las tendencias generales del instrumento financiero, así como también el análisis fundamental y el análisis técnico, es decir, el análisis de los gráficos, los cuales son de suma relevancia para el trading, haciendo énfasis, por supuesto, en el análisis técnico que constituye la base del conocimiento que todo trader debe comprender.

Finalmente, recibirás consejos prácticos para hacer Swing Trading y cómo gestionar las operaciones inherentes al mismo. Determinar si las noticias en el calendario económico son favorables o no y cómo situarnos con respecto a ellas, puede hacer la diferencia tanto en pérdidas como en ganancias. Por tal motivo, estos conocimientos deben ser atendidos con detenimiento. Todos los factores a estudiar tienen implicaciones directas en tu realidad, así como tus decisiones afectan tu posición en el mercado, de manera que deben ser tomadas desde el conocimiento y la responsabilidad.

Dicho esto, todo está preparado para iniciar este proceso de aprendizaje que modificará tu futuro y tu manera de entender las inversiones. De una forma sencilla recibirás estrategias manejadas por expertos en el área del Swing Trading, cosa que se dice que es fácil, pero que tiene fuertes implicaciones para tu calidad de vida. Un mundo de posibilidades se está abriendo ante ti, de la mano de las nuevas tendencias económicas y las estrategias de mercado que pueden cambiar tu futuro inmediato. Nada de esto debe ser tomado a la ligera, sino con la suficiente densidad para aprovechar la oportunidad de introducirte en un mundo de negocios que abrirá tu mente, dejando poco espacio para la pérdida y la inacción.

Así que, si te apasiona el comercio y quieres aprender estas maravillosas estrategias, no esperes más y continúa la lectura, ahora las condiciones están dadas para ganar un aprendizaje que perdurará en tu vida de forma irreversible y contundente.

Capítulo 1: Conceptos básicos.

Para empezar, es importante entender ciertos conceptos básicos que facilitarán un mejor entendimiento del asunto que nos interesa tratar. Seguramente ya conoces muchos de estos términos, pero uno de los primeros pasos para aprender es repasar y contextualizar los conceptos en función de tus objetivos, de esta forma, todo aquello que queda por aprender será mucho más provechoso y te dará una mejor base a la hora de trabajar como trader o en cualquier otro tipo de negocios que te llame la atención.

Ahora, tal vez consideres estos conceptos sumamente básicos, pero ese es exactamente el punto. Queremos despejar cualquier duda elemental y además, ir desde lo más general a lo más específico, por tal motivo, empezaremos con los conceptos generales que te ayudarán a construir tus razonamientos personales sobre el Swing Trading o, si lo prefieres, cualquier otro tipo de Trading.

- Trading: Es probable que si has elegido esta lectura, ya tengas conocimiento de este primer concepto por definir, sin embargo, es importante aclarar desde lo más elemental hasta lo más específico para poder avanzar de la forma más clara posible. El Trading consiste en el estudio de los mercados mediante el análisis técnico y el análisis fundamental para invertir en diferentes instrumentos financieros con el objetivo de obtener un beneficio. Es importante destacar que un trader se clasifica en función de la duración de las operaciones que se realicen, de ahí que los Swing Traders tengan una calidad distinta a un Day Trader, por ejemplo. Es un préstamo lingüístico del inglés. Cuando hablamos de Swing, estamos hablando de balanceo, de vaivén, de oscilaciones, así como cuando hablamos de trade nos referimos a intercambios, es decir, que el swing trading se basa, en efecto, en las negociaciones a partir de los giros naturales que ocurren en el mercado financiero de forma espontánea.

- Instrumento financiero: Se define como un contrato que da origen a un activo financiero en una empresa y un pasivo financiero o instrumento de patrimonio en otra. Al entender la base de esta noción podremos tener un punto de partida más grato al iniciarnos en esta disciplina.

- Análisis fundamental: El análisis fundamental o macroeconómico se centra principalmente en el estudio de eventos financieros que pueden afectar la oferta y la demanda de las divisas dentro del mercado de divisas durante las sesiones bursátiles, con la finalidad de intentar predecir cómo cambiará el mercado. A pesar de que este tipo de análisis amerita más tiempo del que algunos inversores están dispuestos a comprometer, tiene resultados significativos, pues pone en perspectiva las condiciones presentes del mercado financiero y cómo esto puede afectar las inversiones por hacerse.

- Análisis técnico: Predice los cambios en los mercados basándose en situaciones pasadas, tendencias y comportamiento del mercado. Este es el tipo de análisis mayormente usado por los Swing Traders, así que es fundamental tener claro la relevancia de este. Es esencial para realizar una predicción asertiva sobre el comportamiento de los precios en el mercado.

- Swing Trading: Puede definirse de la siguiente manera: Es una técnica de inversión que utiliza los gráficos que la cotización de las acciones dibuja sesión a sesión para detectar tendencias, ya sean alcistas o bajistas, y seguir al mercado, aprovechándolas para ganar dinero tanto cuando el mercado sube como cuando cae. Igualmente, es importante destacar que cualquier producto financiero (tales como acciones, futuros, ETF, entre otros) es aplicable en esta estrategia particular, sin mayores inconvenientes o diferenciaciones entre sí.

- Psicología de mercado: La psicología, en general, es una ciencia que estudia los procesos mentales de las personas y además, su conducta en función de sus pensamientos, de manera que la psicología de mercado analiza los procesos mentales y la conducta de las personas en relación con el mercado financiero. Cuando se trata de psicología aplicada al análisis de mercados financieros, se pueden estudiar dos ramas, la primera sería psicología de las masas y la segunda, psicología del individuo que desea invertir.

Una vez comprendidos e internalizados estos conceptos básicos y elementales para el entendimiento eficaz del asunto a tratar, ya podemos entrar en materia propiamente. A continuación, empezaremos a desarrollar los temas que competen a aquellos interesados en el Swing Trading y todo lo relacionado a ello. El conocimiento nunca sobra y aprender sobre estos asuntos financieros podrá ser sumamente enriquecedor para tu vida en todos los sentidos, no solamente en el ámbito económico o profesional. De manera que, si has llegado a este punto, lo mejor que puedes hacer es continuar tu proceso de aprendizaje de la mano de los mejores entendidos en el tema y así, abrir un nuevo capítulo de tu vida, lleno de nuevas oportunidades y posibilidades de crecimiento profesional y personal.

Capítulo 2: Hablemos de Swing Trading.

Entendiendo la noción de Trading como el acto de negociar o comerciar un producto determinado, sabremos que el producto que constituye el objetivo del trading es la comercialización de las distintas divisas, aprovechando la variación entre sus tipos de cambio, esto es lo que generará posibles beneficios económicos para el trader en cuestión. Ahora bien, en el negocio del trading, el elemento temporal es de suma importancia, debe existir movimiento en la fluctuación de los precios. Los plazos temporales en estas transacciones son las que definen los distintos tipos de training. A continuación, analizaremos los más relevantes para relacionarlos con el Swing Trading que nos compete, en realidad.

El Swing Trading tiene una operativa de un plazo mayor a una jornada, pero menor que un plazo de semanas, la idea es aprovechar el impulso del mercado, bien sea alcista o bajista. Aunque la duración de estas operaciones no está edificada a partir de reglas escritas, suelen durar entre dos a diez días. De acuerdo a la teoría de Dow, "el mercado se mueve formando tres tipos de tendencias." La primera de estas tendencias, es decir, la estructural, tiene una duración que suele ser mayor a un año, la secundaria, tiene una duración entre tres semanas y tres meses y, finalmente, la tendencia menor que es cualquier vaivén dentro de la tendencia secundaria.

El Swing Trading opera las oscilaciones dentro de la tendencia secundaria, por lo tanto, se entiende que estas operaciones no tengan plazos mayores, ya que suelen durar entre dos a diez días. El marco temporal del trading es lo que define las pautas a seguir, qué estrategia tomar en cuanto a riesgos y la gestión asertiva de los mismos.

A pesar de que existen distintos tipos de trading con otras modalidades temporales, es importante explorar los beneficios del Swing Trading en relación con otros modelos de plazos temporales. En el Day Trading la operación no dura más que una jornada. Si bien existe trading con temporalidades menores o superiores, el Swing Trading ofrece el beneficio principal de que, dada su temporalidad, esta modalidad no es tan agresiva, ni requiere tanta atención como otras.

En tal sentido, se puede especificar que en el Day Trading las operaciones no duran más de una jornada, pero sí pueden durar horas, ya que no se termina con una posición abierta. Por otro lado, el Scalping es una versión más extrema del Day Trading, es decir, las operaciones no sólo duran un día, sino que tienen una duración de unos pocos minutos. En el Scalping, es cierto que hay una gran adrenalina, considerando las demandas temporales que representa, sin embargo, también exige una gran concentración de parte de los traders.

Entonces, se podría decir que el Swing Trading constituye múltiples ventajas con respecto a estos estilos mencionados previamente. Por un lado, el trader logra operar con menos presión, lo cual ayuda a gestionar los riesgos de forma mucho más favorable. Asimismo, el trader tampoco debe estar enclaustrado frente a la pantalla todo el tiempo. Además esto implica que el que haga las operaciones, las pueda hacer en un tiempo parcial y dedicar el resto de su tiempo a cualquier otra actividad laboral que prefiera. De manera que la atención que el Swing Trading demanda de sus operadores no es constante, ni esclavizante de ninguna manera.

De igual forma, el Swing Trading ofrece la posibilidad de analizar otros mercados con mayor calma y tiempo de por medio, de manera que el trader pueda hacer seguimiento a un mayor número de órdenes en diversas divisas y activos y así, tener más oportunidades a mediano y largo plazo, esto además minimiza las posibilidades de riesgo, ya que se garantiza la posición globalizada del trader en distintos activos.

Es importante destacar que otros estilos de trading, como los mencionados anteriormente, sólo aprovechan las oscilaciones del mercado en parte y basan sus operaciones en el "ruido" del mercado, entiéndase por ruido las sobrerreacciones generadas en el mercado financiero, mientras que el Swing Trading los objetivos suelen ser más altos, el trader busca aprovechar toda una oscilación.

Cabe acotar que en Swing Trading hay una menor necesidad de apalancamiento, ya que está basado en movimientos de mayor profundidad y en objetivos con más alcance, así que con menor apalancamiento también viene menor posibilidades de riesgo y pérdidas potenciales, si las operaciones, por cualquier motivo, no fluyen a favor del trader en cuestión.

Ahora, si bien al Swing Trading sí le afectan, en cierta medida, las noticias externas del mercado, esto no quiere decir que sean totalmente determinantes. Las operaciones intradiarias, a diferencia de las que nos competen en este tema, una noticia publicada puede acabar con toda la operación. Ciertamente, una noticia puede afectar las operaciones del Swing Trading y generar que el mercado se establezca en contra del trader, pero al tratarse de operaciones de mayor profundidad, no hay motivo para cerrar posición de manera abrupta, lo cual rescata posibles pérdidas y situaciones poco favorables. Todo esto se puede prever con un calendario económico bien implementado.

En el Swing Trading se invierten apenas unos minutos a la espera de las oportunidades de trading, después se deja que las situaciones crezcan por sí solas. Es importante que el trader entienda los gráficos para guiar sus operaciones considerando los análisis técnicos o fundamentales, como crea conveniente según sus necesidades y sus condiciones dadas. Hacer Swing Trading es apostarle todos los días a la volatilidad del mercado y nunca mantener una operación demasiado larga como para que el rango de estas sea un factor definitivo en las consecuencias.

Cabe destacar que el Swing Trading se parece mucho a las típicas inversiones del mercado de valores, pero tiene un twist. Operar con Swing Trading tiene el beneficio de que no son operaciones demasiado largas, ni demasiado cortas. Una operación demasiado larga puede carecer de dinamismo y movimiento, mientras que una operación demasiado corta puede demandar un nivel de atención y concentración muy abrumador. Por tal motivo, el Swing Trading es tentador, ya que tiene un plazo temporal justo, ni demasiado largo, ni demasiado corto, de manera que no exige tanta atención y siempre se está movimiento de forma dinámica.

Ya sabes por qué el Swing Trading puede ser beneficioso para ti, pero debes recordar que todo lo que aprendas en la vida puede extrapolarse a otros ámbitos de tu cotidianidad porque todo se trata de una forma de pensar y entender el mundo, así que no te preocupes demasiado por tu futuro en el mundo del Trading a largo plazo, ya que tu presente en él te hará mucho más llevadera la vida en otros sentidos. Por ejemplo, una vez que aprendes a gestionar riesgos en el Swing Trading, verás las oportunidades de tu vida, digamos, en el ámbito familiar, amoroso, interpersonal o, incluso, otros sectores profesionales que sean de tu interés y sabrás aprovechar las condiciones de manera óptima, siendo consciente de los riesgos implicados, esto hará que no los ignores, pero que tampoco te sientas paralizado por los mismos.

Capítulo 3 ¿Cómo empezar?

Si deseas iniciarte en el Swing Trading y no sabes por dónde empezar, lo primero que tienes que tener a la mano es un ordenador que funcione y con el que puedas contar en todo momento. Esto parece algo evidente y es, incluso, general para todo tipo de trading, sin embargo, es importante tenerlo en cuenta para tomar en serio los objetivos de quien desea empezar algo nuevo en este mundo. Es cierto que hoy en día cualquier dispositivo móvil podría ser válido para el trading, pero debes considerar las limitaciones de accesos, memorias y visibilidad que implica una pantalla de celular en relación con un ordenador promedio, en todo caso, lo más importante es que este dispositivo -sea el que sea- sea personal y se encuentre accesible para tu disponibilidad.

También debes tener un broker online (corredor en línea). No es necesario ser demasiado exigente con las comisiones, pero sí deberías buscar un broker especialista en Forex, de cualquier forma, lo que debes revisar es que tengas las regulaciones pertinentes. De hecho, precisamente por el alcance de los objetivos del Swing Trading y sus plazos temporales, las comisiones afectan mucho menos su rentabilidad, cosa que no ocurre con el Day Trading o el Scalping, los cuales se ven altamente afectados por las comisiones cobradas. Hoy en día, tomando en cuenta la gran oferta de brokers que ofrecen sus servicios en Internet, puede ser difícil elegir el adecuado para ti. Entonces, debes considerar su nivel de confianza en línea, sus regulaciones, el depósito mínimo que debes hacer, el tipo de operaciones que hace, su forma de dar atención al cliente, las cuentas demo que ofrece, etc. A continuación, desarrollaré un poco estos requisitos a considerar a la hora de elegir un broker online:

Lo cierto es que decidirse por un broker online puede ser determinante en tu relación con el trading, ya que él será el responsable de manejar tu dinero y de ejecutar las operaciones que deseas. Parece increíble creer que existen brokers que no se encuentran debidamente regulados, sin embargo, es una realidad que hay que atender. También es cierto que una regulación apropiada no quiere decir que este broker sea el ideal para ti, pero es el punto de partida de mayor claridad posible. Es el primer paso ideal para emprender un camino de transparencia y claridad en este ámbito laboral. De igual forma, debes saber que no todos los organismos reguladores son igual que otros, esto también debes analizarlo y averiguar qué organismos reguladores tienen mayores exigencias y filtros de seguridad más precisos.

Existen directivas europeas que buscan proteger el dinero de sus clientes, obligando a sus brokers a guardar el dinero de los inversores en cuentas bancarias que pertenecen a la compañía, independientemente del broker, así, en caso de ser embargado, sus inversores no se verán afectados, de ninguna manera. También, es buena idea revisar la opinión de los clientes del broker, todo esto está fácilmente disponible en foros, blogs o, en internet en general. Tener acceso a opiniones de otros que ya han trabajado con él previamente, nos dará una idea general que certificará con seguridad a esta persona. Ciertamente, es mucho más común conseguir opiniones negativas, producto de una experiencia provocada por la inexperiencia o la ignorancia, pero aun así, precisamente si encuentras un montón de comentarios positivos, es algo que considerar, ya que indica que tiene varias personas defendiendo su trabajo de forma pública y articulada, lo cual siempre es buena señal a la hora de invertir capital con alguien.

No dudes en consultar su página de atención al cliente, así verás cuál es su nivel de comunicación ante dudas. Siempre es bueno saber si tiene la disposición -y los recursos implementados en su página web- para aclarar cualquier inconveniente o inquietud que puedas tener. Él debe tener este tipo de códigos y procesos ya bien estructurados, por si surge cualquier duda o comentario que quieras compartir en cualquier momento. Piensa que eres tú el que está evaluando su calidad y no al revés, ante cualquier duda siempre consulta y sé tan incisivo como lo creas necesario.

Asimismo, siempre debes ser realista con tus posibilidades, de manera que debes evaluar si las condiciones que ofrece el broker están alineadas con lo que tú puedes permitirte. Cuando un broker ofrece una o varias cuentas de trading, generalmente lo hace con un depósito inicial mínimo que, con cada cuenta publicada, suele aumentar, así como también las condiciones de la cuenta van mejorando. Actualmente ya esto no debe ser un impedimento, sino un factor a considerar, ya que si un broker te pide miles de dólares por una cuenta y no dispones de esa cantidad, también puedes empezar con una de cien dólares, que ciertamente, no tendrás las mismas condiciones que la de mayor precio, pero es un punto de partida válido y accesible.

También deberías atender al tamaño de las operaciones a tratar. Para iniciar con un capital limitado, deberías hacerlo de la mano de un broker que ofrezca minilotes o microlotes, ya que esto afecta directamente las operaciones que realizarás, como ya dije anteriormente, debes ser realista con tus posibilidades en un principio (en realidad, siempre deberías ser realista pero especialmente al empezar un nuevo camino con dinero de por medio).

En este sentido, una buena gestión de tu capital te permitirá tener más intentos y, si bien esto no quiere decir que no te equivocarás, te podrás equivocar mejor y cada vez podrás fundamentar un sistema de forma competente.

Otro factor a tener en cuenta en todo momento es el apalancamiento. Es sabido que la estrategia del apalancamiento, la cual te permite invertir dinero ofreciendo una pequeña parte como garantía, es una forma de ingresar en el mercado si tienes poco capital, pero también implica una gran cantidad de riesgos que hay que observar, pues las pérdidas posibles serían del total de la operación, cosa que no deberías permitirte, sobre todo si tienes poco capital. Entonces, si te cuidas del apalancamiento, estarás cuidando tu capital a largo plazo. Con esto no te quiero decir que no lo hagas, sino que lo plantees muy bien y elijas un broker capaz de ayudarte a apalancar tu dinero de manera inteligente, porque es cierto que teniendo poco capital, el margen de beneficio sin apalancar es demasiado mínimo y es, a la larga, poco rentable, así que administra bien cada operación de apalancamiento y hazlo con la orientación debida de un broker con gran disposición a tu favor.

Es importante que sepas que en este estilo de trading es necesario un capital inicial que puede llegar a ser superior que en otros tipos de trading, debido a su plazo temporal. Considerando que trabajamos con objetivos de ganancia mayores y que se trata de una rentabilidad mayor, está claro que se requiere una inversión que sea, igualmente, mayor.

Por otra parte, también debes saber qué tipo de ejecuciones realiza tu broker, si es del tipo de los que crea mercado o si es de los que son simples intermediarios de sus inversores. Con un broker del primer tipo tendrás un mercado interno con condiciones creadas a partir de las necesidades de los clientes de este broker en particular. Podrás comprar o vender sin tener que esperar operaciones contrarias y, de ser así, el broker podría crear estas operaciones para que la compra o la venta se dé. Sin embargo, suele pasar que precisamente por estos motivos ocurren conflictos de intereses, así que es fundamental que este tipo de brokers estén más que bien regulados y que sean de confianza. Estos son los que se encuentran con más frecuencia, pero siempre debes revisar sus credenciales para asegurar tu seguridad económica, lo cual siempre debe ser tu prioridad. El mayor beneficio de este tipo de brokers, a pesar de los riesgos posibles en los conflictos de intereses, es que siempre tienen una buena disponibilidad, cosa que es bastante favorable para traders que se encuentran comenzando en el mercado.

Al contrario, el otro tipo de brokers, es decir, aquellos que operan como intermediarios online, estos son valiosos porque tienen contacto directo con los principales proveedores de gran liquidez alrededor del mundo, razón por la cual tienen los mejores precios todo el tiempo. Lo mejor es que este tipo de brokers los tengas cuando ya adquieras más experiencia en el área del trading y puedas aprovechar mejor las posibilidades que ofrecen en relación con los Market Makers (creador de mercado).

Piensa en buscar un broker que ofrezca una cuenta demo ilimitada en el tiempo, ya que algunos las ofertan por un tiempo limitado de un mes, máximo dos meses, cosa que entorpecerá tus pruebas para crear estrategias de calidad.

De cualquier forma -y de esto ya hablamos un poco en la introducción- lo más importante para hacer trading es tener paciencia. Claro que existen requisitos más prácticos o concretos que cualquier trader puede conseguir o, de entrada, saber que no tiene y empezar a buscarlos (como el capital inicial o un broker de confianza) pero la paciencia es tu complemento más valioso. La confianza es tu amiga, tu aliada más indispensable. Como ya sabes, en el Swing Trading se trabaja con plazos temporales mayores que en otras modalidades, esto también implica que cada vela aparece en el gráfico luego de una espera que puede ser significativa, de manera que es imprescindible que el trader opere desde la calma y la tranquilidad para así, no sobre-operar a partir de la falsa creencia de que hay oportunidades que realmente no hay, todo esto a partir de la desesperación y las ganas de ganar en el mercado.

Si operamos desde la paciencia, las condiciones reales van a llegar y estaremos preparados para tomar esas oportunidades de manera exitosa y efectiva. La premura nunca es productiva para ningún tipo de trabajo, pero en el trading, especialmente en este estilo de trading, puede ser sumamente perjudicial.

Los riesgos del Swing Trading.

Ya sabes qué necesitas para empezar, pero esta información sería insuficiente si no habláramos de los riesgos potenciales que acechan a todo trader. Saber esto te permitirá tomar decisiones más responsables, ya que tendrás en consideración los peligros de las operaciones y tendrás los ojos abiertos ante los mismos, así tomar precauciones será otro punto clave a seguir.

Cualquier Swing Trader debe tener en cuenta las posibilidades del "overnight", es decir, aquello que acontece durante las horas en las cuales el mercado se encuentra cerrado, afectando así la posterior apertura del mismo y, además, provocando huecos en los precios durante la apertura. Para evitar este riesgo, lo más recomendable es operar con pares de divisas del mercado Forex, ya que se encuentra abierto en todo momento, por tal motivo, casi no suelen hacerse gaps o huecos. Además, las divisas son instrumentos financieros ideales para este tipo de trading.

Existe algo llamado swap o prima nocturna, esto es aquello que realiza un broker para mantener una operación abierta durante más de un día. Esto puede resultar en un ingreso, en vez de un cargo, si la divisa vendida es mayor a la divisa comprada. En conclusión, si estás iniciándote en el proceso del trading, hacerlo con divisas Forex puede ser preferible.

Ya sabes los riesgos, ahora también debes aprender a analizar el mercado.

Capítulo 4: Análisis fundamental vs. Análisis técnico.

El análisis técnico es el análisis de las gráficas, las cuales son la parte primordial del análisis utilizado por los Swing Traders, sin embargo, el análisis fundamental también es esencial en estos procesos financieros ya que nos ayudará a tomar en cuenta las posibles noticias económicas que pudieran afectar el mercado y, con ello, nuestras operaciones. De esta forma, estaremos prevenidos ante los posibles acontecimientos que pudieran afectar nuestra posición.

Es importante destacar que, incluso si hay eventos lejanos en la economía, estos pueden afectar las operaciones, por ello el análisis fundamental debe gestionar estos riesgos y sopesar cuáles eventos pueden tener consecuencias sobre las operaciones, tomando en cuenta los elementos económicos generales y todas sus posibles implicaciones. por ejemplo, sucesos políticos o sociales, todo eso puede marcar un antes y un después en tus operaciones. El contexto económico tiene consecuencias directas que hay que considerar a la hora de evitar riesgos.

Ahora, el centro elemental del Swing Trading es el análisis técnico, realmente esto es lo más importante a la hora de analizar las operaciones de este estilo de trading. A partir del estudio de gráficas, el analista técnico podrá comprender patrones y tendencias en los precios. Este tipo de análisis se basa en los rendimientos del pasado, lo cual no siempre es un indicativo preciso de lo que ha de ocurrir en el futuro, pero al ser un análisis completamente matemático, incluso algorítmico, ciertamente da el mejor conocimiento orientativo sobre aquello que deseamos saber para operar.

Es necesario complementar estos dos tipos de análisis, ya que ambos generarán el entendimiento del mercado que todo trader debe tener. Ningún tipo de conocimiento está de más a la hora de contemplar pérdidas posibles de dinero. El saber será tu aliado a la hora de invertir estratégicamente.

Stop Loss/Take Profit (detener pérdidas/obtener ganancias)

Al momento de iniciar las operaciones que habrán de brindar la estabilidad económica que todo trader quiere procurarse para sí mismo, es recomendable tener en cuenta dos órdenes de salida.

La primera de estas órdenes es el Stop Loss (detener pérdidas), esta te dará seguridad en caso de una pérdida potencial. Podríamos decir que el Stop Loss implica la mayor cantidad de pérdida que podemos asumir, mientras que el Take Profit (obtener ganancias) es una orden que se da cuando el mercado ya está lo suficientemente a favor del trader y se programa una orden para cerrar la operación con ganancias. El Take Profit es el margen de nuestros objetivos. Así que, ten en cuenta que ambas órdenes son las opciones a tu disposición para manejar tu futuro económico. Úsalas bien.

Consejos prácticos.

A continuación, una serie de consejos que te ayudarán de forma práctica, teórica y segura, a la hora de afrontar un camino en el mundo del Swing Trading. Emprender cualquier dirección laboral nunca es fácil, así que los consejos siempre deben ser bien recibidos, sin embargo, eres libre de tomarlos o no, como creas conveniente.

- Intenta no sobreapalancarte. En el Swing Trading no es necesario apalancarse demasiado, por lo tanto, sólo debes considerar que las pérdidas no deben ser mayores al 3% del capital, así tu posición será la ideal.

- Debes operar siempre alineado con las tendencias económicas del momento. Es cierto que podrías no hacerlo a futuro, cuando tengas más experiencia, pero en principio, lo mejor es que permanezcas en tendencia. Sobre esto también se puede decir que nunca busques adelantarte a los cambios de tendencia, retomando el consejo anterior de la paciencia, trata de manejar tus operaciones con tranquilidad y observar los giros espontáneos y naturales del sistema y, sobre estos, operar en función de lo que necesitas.

- No le tengas miedo al Stop Loss. Lo más importante para ti debe ser proteger tus activos y siempre será válido hacerlo.

Capítulo 5: Psicología de mercado.

Como se dijo anteriormente, es sabido que la psicología pretende estudiar y analizar los procesos mentales y la conducta humana, entonces, sabiendo esto, entenderemos que la psicología de mercado estudia estos procesos a partir del mercado financiero y cómo la conducta de las personas involucradas afecta el mismo. Para nadie es un secreto que el ser humano, ante todo, desea sobrevivir y sentirse ganador en sus operaciones diarias, por esto, es de suponer que todos aquellos que ingresen en el Swing Trading lo hacen con una mentalidad ganadora, sin embargo, esto no siempre es el caso. Hay emociones que se interponen en el camino de los traders y obstaculizan su camino hacia el éxito financiero. Si bien, todas las personas tienen motivaciones y formas de ser que son únicas e irrepetibles, hay conductas generales que se crean de forma masiva. Todo esto lo estudian los psicólogos de mercado y también es fundamental a la hora de entender este universo del trading.

Hay acciones humanas que resultan casi predecibles, especialmente a la hora de invertir, muchos reaccionan de la misma manera o de maneras parecidas. Aunque el análisis de mercado es algo totalmente puntual y matemático, también es un análisis psicológico, pues en él podemos observar cómo miles de personas reaccionan igual, aunque no estemos en un consultorio psicológico con cada una de ellas, sí se pueden intuir las emociones que impulsan tales acciones, bien sea el terror o la ambición, el resultado es casi siempre el mismo.

Puedes aplicar la psicología de mercado a partir de formatos de entrevistas, por ejemplo, focus groups o entrevistas individuales directamente dirigidas especialmente hacia los sujetos de tu interés. También puedes hacer cuestionarios fáciles de responder para la población general, análisis factoriales, entre otras estrategias que te darán información relevante en el mercado.

Existen muchísimos psicólogos que han tenido un impacto sin retorno en el sector de la economía y el mercado financiero. Nombres como Hugh Mckay, Barry Elliot, Daniel Kahneman, entre otros, han marcado la diferencia en la forma de entender el alcance de la psicología en estrategias de inversiones. Todos ellos se han vuelto nombres recurrentes a la hora de investigar sobre toma de decisiones en el mercado financiero. Personalmente, recomiendo leer el trabajo de Daniel Kahneman, ganador del premio nobel de economía por sus aportes sobre "toma de decisiones en condiciones de incertidumbre", un estudio que puede ser sumamente provechoso para aquellos interesados en cualquier tipo de trading, donde surgen condiciones de incertidumbre y aun así, hay que continuar operando bajo decisiones asertivas y calmadas.

En tal sentido, Kahneman, junto a Amos Tversky, conceptualizaron una teoría de las perspectivas. Según ellos, el ser humano está inclinado a tomar la decisión que tenga la recompensa más asegurada en relación con otras de menor alcance concreto, indistintamente de si esta decisión "más segura" tenga una ganancia menor a la alternativa. Las personas tienen, lo que Tversky y Kahneman denominaron como "una aversión a la pérdida." Es sumamente llamativo que, planteadas dos alternativas similares, el ser humano prefiere evitar pérdidas que recibir potenciales ganancias.

Además de la "aversión a pérdidas", estos teóricos desarrollaron planteamientos sobre "el efecto de dotación", "la sensibilidad variable" y "la evaluación relativa a un punto de referencia". En general, en la vida, el ser humano opera en función de expectativas a corto plazo, esto no debe ser distinto en los negocios y, de hecho, no lo es. Esto significa que la gente funciona de acuerdo a evaluaciones con respecto a referencias establecidas previamente. La sensibilidad variable significa que, si bien hay momentos en que las personas serían capaces de hacer una inversión en un momento determinado, mientras el punto de referencia aumenta (digamos, los objetivos de ganancia y, con ellos, la inversión) la sensibilidad de las personas varían y sus acciones pueden cambiar. Eso que llamamos "efecto de dotación" se refiere a la noción de que las personas que adjudican un valor mayor a productos sobre los cuales tienen un vínculo emocional.

Históricamente, estas teorías psicológicas han sido aplicadas para incidir en el comportamiento de las personas en relación con sus inversiones y sus condiciones económicas. Sabiendo esto, podemos comprender mejor las decisiones tomadas y así, guiar a otros en sus procesos o, incluso, orientarnos mejor a nosotros mismos.

En cuanto a la psicología de las masas, sólo puedes observarla, no hay demasiado que hacer al respecto, no puedes incidir de manera positiva o negativa en ella, sin embargo, también puedes utilizar la psicología para analizarte a ti mismo como trader. De nuevo, todo nos regresa al tema de la paciencia. Si te analizas a ti mismo, siempre tendrás más control sobre tus acciones y las decisiones que tomas en momentos de tensión y/o adrenalina. ¿Cómo reaccionas cuando crees que estás perdiendo dinero? ¿Cómo te comportas cuando la posibilidad de una ganancia se abre en el mercado? Todo esto puede jugar en contra o funcionar a tu favor, pero debes seguir la máxima línea del "conócete a ti mismo", es lo mejor que puedes hacer si deseas generar ingresos en este ámbito. Esto se debe a que el impacto emocional de la posibilidad de pérdida es demasiado profundo en la psique humana. Saber esto podrá prepararnos para evaluar propuestas y tomar decisiones de manera más efectiva.

El mercado se mueve con o sin ti, la gran pregunta es ¿cuáles son los movimientos de los cuales quieres ser parte o no?. Retirarse de una operación de forma precipitada, puede generar pérdidas, sin embargo, estirar operaciones improductivas puede ser sumamente contraproducente. Entonces, enfrentar tus miedos y mantener la calma ante situaciones estresantes puede ayudarte a evitar tragedias económicas o incluso, salir victorioso en situaciones que aparentemente te dejaban en desventaja. Tus operaciones no son apuestas, todo esto está estudiado y se pueden tomar previsiones ante múltiples situaciones.

Capítulo 6: Preguntas frecuentes.

Cuando empezamos un nuevo negocio de este tipo, como el de Swing Trading, siempre surgen preguntas inquietantes sobre las que no debemos preocuparnos, sino atenderlas y entender que no estamos solos en nuestras dudas. Es normal que muchos se pregunten lo mismo y se encuentren intrigados ante la novedad y lo desconocido.

-   ¿En cuánto tiempo te puedes volver un trader rentable y exitoso?

Esta es una de las preguntas más buscadas en internet sobre este tema y es normal que sea un tema recurrente a la hora de iniciarse en este tipo de estrategias de inversión.

Es difícil atender esta pregunta de forma clara, precisa y exacta, ya que cada trader tiene unas características particulares que lo diferencian de otro, las cuales pueden adelantar su proceso de rentabilidad o atrasarlo. Sin embargo, cualquier persona que trabaje de manera consistente durante unos pocos meses, podrá empezar a ver resultados efectivos en sus operaciones de trading. Ciertamente, para ser un experto se necesita muchísimo tiempo, pero esto se puede extrapolar a cualquier ámbito laboral o académico. Ser un entendido en cualquier tema demanda tiempo y dedicación, cosa que es más fácil de llevar si se van observando resultados a mediano plazo, lo cual es posible con el Swing Trading, así que no deberían haber mayores inconvenientes de por medio.

Para empezar a ver resultados debemos ser pacientes y flexibles con los tiempos que aplicamos, esto es lo que permitirá que no te sientas frustrado y desistas rápidamente. Si ya sabes que quieres emprender este camino, lo primero que debes hacer es empezar. Es cierto que empezar suele ser lo más difícil, dar esos primeros pasos puede costarte energía -debes considerar tu energía como una divisa más con la cual invertir o no- y dinero, pero hacerlo cuanto antes es otra forma de ahorrar dinero.

Asimismo, debes mantener la práctica y no desistir nunca. Esto es importante para cualquier trabajo o disciplina que quieras iniciar, pero la práctica es tu maestro más es importante. Existen cuentas demo que ofrecen algunos brokers donde puedes abrir operaciones con el saldo virtual que se postea en internet, de esta manera, puedes practicar sin arriesgar tu capital inicial. Es importante destacar que debes tomarte muy en serio estas cuentas demo, no como ensayos light, sino como el inicio de tu futuro. Son prácticas que te están forjando como trader. Todo esto es sumamente serio y determinante para ti, así que debes actuar en consecuencia.

Puedes empezar por investigar qué errores han cometidos otras personas antes que tú y esto también te ahorrará tiempo de prácticas, de ensayos y errores que puedes invertir en ganar dinero. Si otras personas han tenido pérdidas de cierta forma y se han tomado el tiempo de comunicar estos errores en internet, es una tontería no tomar en consideración esta información y aplicarla en tu propio camino como trader. Actualmente, existen un montón de artículos dispuestos a recomendarte las acciones a llevar a cabo y cómo controlar tus emociones durante las inversiones. Todo esto está disponible de forma gratuita, de la mano de otros traders que, como tú, un día quisieron dar el primer paso.

- ¿Es cierto que la mayoría de los traders pierden dinero?

Esta es una idea que se encuentra demasiado repetida sin mayores fundamentos que los rumores que corren a la orden del día. Es importante edificar tus conocimientos sobre estudios responsables que se hayan tomado el tiempo de reflexionar a partir de las cifras que comparten.

En tal sentido, también debemos decir que hay un estudio realizado por Finance Magnates que afirma que un 65% de los traders operan bajo pérdidas en Estados Unidos, al menos en el 2015, año en que se publicó este estudio. Este es uno de los estudios más versados sobre este tema y, aun así, casi no se menciona el hecho de que está basado únicamente en el primer trimestre del año sobre el cual se diserta, lo cual es demasiado poco para establecer una hipótesis estable y contundente.

Cualquier negocio tiene posibilidades de pérdida, en este sentido, no te sientas asegurado con el Swing Trading sólo por ser una forma de negocio "menos convencional" en algún sentido. De cualquier forma se necesita una voluntad para aprender, e incluso, más que la voluntad, el tiempo y la disposición a la práctica es esencial para transformarte en un experto del trading. Empezar pretendiendo ganar mucho dinero los primeros meses no es lo más realista del mundo. Tu objetivo inicial debe ser el de aprender significativamente. Luego, ya pasarás a ser un trader rentable que pague las cuentas y recupere sus inversiones hasta que, poco a poco, vayas ganando más y más. Todo tiene su proceso, es importante entenderlos paso a paso.

- ¿Cuáles son los errores más comunes al empezar en el trading?

Como ya sabes, muchas personas han caminado por donde tú estás empezando a andar hoy en día, por lo cual, es fundamental que observes los lugares ya transitados previamente por otros. Entonces, revisitar los errores de otras personas nos ayudará a prevenir posibles equivocaciones y además, nos dará la certeza de que no estamos solos en nuestro camino. Lo que te está pasando o lo que te puede pasar, ya le ha pasado a otros, esto alivia cualquier sensación de terror ante los errores que acosan a cualquier aprendiz, en cualquier ámbito de la vida o de los negocios.

Uno de los errores más comunes es operar sin un plan de acción. Debes ser consciente de que tu dinero y tu tiempo (que es dinero también) están en juego, así que no puedes dar ningún paso en falso o confiando en el azar. El azar no es un buen consejero para los negocios, nunca podemos dejar caer peso en la fragilidad del azar, no tiene sentido hacerlo cuando se podría tener un plan. Considerando que hay demos gratuitos y que poco a poco puedes ir adquiriendo experiencia, lo más razonable es hacer planes de acciones desde el principio. Desde el primer día debes establecer un plan que, ¿por qué no?, puede modificarse de acuerdo a los resultados que vayas obteniendo, pero si desde un principio operas a ciegas, incluso cuando tengas más datos para armar un esquema, ya estarás acostumbrado a no hacerlo y dependerás del destino.

Piensa que como trader tienes un perfil y debes accionar en función de ese perfil, eso quiere decir que debes ir estableciendo estrategias que vayan variando de acuerdo a tus capacidades y experiencias. Podrías, por ejemplo, crear un diario donde registres tus operaciones y así, puedas observar cómo han progresado a lo largo del tiempo.

Por otro lado, debes cuidarte mucho de sobreapalancarte en el mercado. Para empezar, si bien suena tentador, especialmente para un trader que está empezando, no tiene sentido asumir este tipo de riesgos, además de que una vez que empiezas a hacerlo, luego es difícil parar. Es cierto que es complicado adquirir beneficios sin apalancarte, pero cometer errores, una vez que ya has apalancado, te compromete significativamente, entonces debes cuidarte de hacerlo con moderación, cuando sea necesario y lo creas conveniente. De lo contrario, no lo hagas.

Sabiendo todo esto, debes mantener expectativas claras, realistas y consecuentes con tus posibilidades. Hay mucha publicidad engañosa circulando a través de brokers en internet que le hacen creer a la gente que en pocas semanas podrán hacerse millonarios usando el Swing y sin mayor capital. Si bien invertir en el mercado de las divisas no es demasiado complicado y es algo que se encuentra de manera permanente para todo el mundo, adquirir beneficios de esto no es fácil o, al menos, no es demasiado rápido, así como tampoco lo es escalar profesionalmente en cualquier área laboral. Hacer una carrera es un proceso a mediano plazo, nunca es algo inmediato y deberíamos pensar en este tipo de negocios "poco convencionales" de igual forma.

Capítulo 7: Un sistema de trading.

He insistido mucho en la importancia de un sistema de trading, sin embargo, hay que hacer énfasis sobre cómo generar uno que sea efectivo y sustentable a futuro. Todo lo que debes contemplar debe ser en función de crear un sistema rentable que puedas mantener. Para empezar, debes elegir el par de divisas que mejor se acople a tus plazos temporales y a tus condiciones dadas. Asimismo, es pertinente que consigas indicadores claros que te permitan ingresar al mercado financiero cuanto antes. Hay múltiples opciones a tu disposición, sólo debes centrarte en elegir un indicador que puedas entender y observar cuáles son sus principios claramente.

Es fundamental que, una vez elegido el indicador que vas a usar, aprendas a filtrar señales falsas que podrían comprometer tu estrategia, en tal sentido, es muy recomendable usar el indicador MACD (Moving Average Convergence Divergence) o, en su traducción al español, Medía Móvil de Convergencia/Divergencia), el cual utilizado de forma idónea, es muy confiable para captar las señales falsas capaces de arruinar tus operaciones o, en todo caso, el indicador RSI (Relative Strength Index, que traducido al español es Índice de Fuerza Relativa), también es altamente recomendable para este tipo de acciones, muchos lo utilizan con ese fin.

Asimismo, el indicador Mini Chart de Admiral podría ser de gran provecho para tus operaciones, especialmente cuando estés iniciándote en el Trading, ya que te permite observar y estudiar varios marcos temporales en una sola gráfica, lo cual es mucho más práctico y fácil para ti. Por otra parte, Admiral Symbol también podría ayudarte a mejorar tu experiencia en el trading, pues podrás manejar la oscilación de ocho marcos temporales. Personalmente, prefiero recomendar para principiantes el uso del indicador Mini Terminal, porque ofrece información valiosa sobre los riesgos potenciales, la tendencia actual, el impulso y la fuerza de los movimientos en el momento de la operación. Esto es de gran relevancia a la hora de tomar decisiones, probablemente sea el indicador más amable para quienes estén comenzando en este mundo.

De cualquier forma, debes encontrar puntos efectivos de entradas y de salidas y para esto hay varias opciones, distintas formas codificadas para hacerlo. Por un lado, puedes esperar que se confirme la señal y entonces, salir sin atender a la típica espera del cierre de la vela, esto es más arriesgado, pero te ayuda a entrar antes que otros traders y, así, tener la ventaja en el mercado. La otra opción es esperar el cierre de la vela y entrar nuevamente en el inicio de la siguiente vela. Esto es más seguro y evades riesgos posibles, aunque también evitas las ganancias de ser el primero en tomar esas oportunidades.

Ahora, en cuanto a la señal de salida, podrías poner en uso una cantidad específica de pips, por supuesto considerando cuáles quisieras usar para obtener beneficios durante la operación. El Stop Loss puede ser configurado de igual forma para usar elementos que te faciliten identificar los soportes y/o las resistencias en los gráficos. De todas formas, siempre que ingreses al mercado, debes saber que es imposible ser parte del mundo del trading sin sufrir algún tipo de pérdidas en algún momento determinado, por esto debes tener en cuenta la cantidad específica que estás dispuesto a perder en cada operación, claro que vas a accionar en función de recibir ganancias, pero siempre debes estar preparado para un giro en contra y solventar las dificultades que puedan presentarse para perder lo mínimo posible o salir en el punto de equilibrio (break even).

Siempre se debe diseñar las estrategias pensando en calcular las potenciales pérdidas en el horizonte temporal con que estamos trabajando. Debes crear estrategias imaginando que, si el mercado gira a tu favor, puedes ganar el doble de lo que perderías si las cosas no salen de la mejor forma posible, así que parte de la complejidad del trading es que deberías entrar al mercado, únicamente cuando las condiciones para este tipo de ganancias estén dadas, de lo contrario, es preferible abstenerse y esperar hasta la siguiente oportunidad. Como siempre, nunca está de más repetir que la paciencia es clave en este tipo de negocios, esperar las oportunidades precisas harán que tengas más capital y que tu posición sea más favorable, por eso siempre debes pensar en tu perfil como trader y tenerlo en cuenta en cada operación.

Asimismo, cada estrategia nueva debería ser probada en un demo, así podrías ir revisando qué tan rentable es antes de comprometer tu dinero en el proceso. Cada prueba debería durar unos tres meses como mínimo para, de esta manera, tener un criterio bien fundamentado previo a tu ingreso en el mercado. Probar ingresar en el mercado de manera precipitada sería una mala idea, ya que no tendrías tiempo de comprobar los tipos distintos de comportamiento posible de las divisas con que estás trabajando.

Siempre debes tener en alta consideración cuánto dinero realmente estás dispuesto a arriesgar. Algunos expertos coinciden en que lo ideal es esperar que tu sistema tenga la posibilidad de generar el doble de dinero de lo que sería posible perder en una operación determinada. Todo esto te ayudará a entrar en el mercado con cierta seguridad que de otra forma no podrías tener. En el Trading, pero también en la vida, hay que saber perder antes de saber cómo ganar, desafortunadamente este es un aprendizaje que es duro de procesar y que además, es cierto que las primeras experiencias en cualquier área de conocimiento novedosa suele ser asociada a los riesgos implicados (que ya de por sí empezar cualquier cosa es un riesgo en sí mismo) pero es fundamental estar preparados para perder dignamente y que estas pérdidas no supongan tragedias de las cuales no podamos recuperarnos (económica y emocionalmente) sino datos en el archivo de aprendizaje que se debe ir completando con cada operación hasta transformarnos en expertos en el Swing Trading.

Es recomendable tener lo que en los negocios se llama "un umbral de pánico", es decir, un estándar de cuánto estás dispuesto a perder, de esta manera, aquello que normalmente sería una experiencia terrorífica, ya está prevista de antemano y puedes actuar en consecuencia a lo ya has estudiado que te conviene. De todas formas, también es importante mantener un poco de flexibilidad en tus operaciones a la hora de gestionar el riesgo, la rigidez es estática, te paraliza y evita que te muevas con libertad, mientras que una mentalidad flexible y, ciertamente, atenta a las posibilidades (positivas y negativas) a la mano, está dispuesta a aprovechar lo que surja en el mercado con mucha más efectividad. Esta flexibilidad te da ventaja frente a inversores grandes que están edificando el mercado financiero que, en cualquier momento, podría colapsar, si esto pasa, inversores pequeños podrían vender todo rápidamente y salir airosos de una situación límite. Todo esto lo digo para que tengas en cuenta las ventajas de tu posición y la pongas en valor.

Ciertamente, plantearte un escenario extremo te dará perspectiva, pero también debes tener una visión clara de cómo protegerte a diario, todos los días son oportunidades necesarias para gestionar tu dinero de manera acertada, un consejo que podría ayudarte es no realizar más de seis operaciones al día, al menos mientras estés aprendiendo, así podrás protegerte de los posibles riesgos que se encuentran en estos giros financieros, con seis operaciones diarias podrás ir mejorando tu posición y minimizando tu límite de riesgos.

Ya sabes la importancia de un sistema, ahora la práctica, como dicen, hace al maestro. Entonces, debes ser valiente y dar el paso, ya que sabes que es un sistema de pasos y cada uno te irá llevando al éxito económico que tanto deseas procurarte para ti mismo. Ya sabes cómo cuidar tus operaciones, todo por lo que estás pasando es normal y ya se ha articulado varias veces por otros traders que también un día decidieron cambiar sus vidas y adentrarse en los negocios poco convencionales, como el trading. El mundo del trading está esperando por ti, ahora no esperes más y pon de tu parte en el cambio de dinámica que tus ingresos necesitan.

Conclusión:

Ahora que ya sabes todo esto, la preparación final en el mundo del trading viene de la mano de un cambio de mentalidad, es decir, si piensas como un ganador, tus negocios florecerán. La valentía para los negocios se puede extender a otros ámbitos de tu vida que, seguramente, agradecerás a futuro, de la misma forma. Iniciarte en el trading te ayudará a ser una persona más prudente y atento a los detalles, ya que la creación de este tipo de estrategias es un cambio de revolución para tu vida, no verás las cosas de la misma forma. Entenderás que eres capaz de lograr mucho más de lo que creías posible en tu trabajo de oficina convencional y todas estas posibilidades dependen de que asumas los riesgos y tomes las precauciones necesarias para solventar cualquier giro en contra de lo que esperabas ganar.

Al final, como todo, aprenderás que si inviertes sabiamente, es decir, si pones de tu parte desde un principio y tienes la paciencia y el buen tino de esperar a que las condiciones pertinentes se den, siempre estarás preparado para aprovechar las oportunidades en tu camino. De la misma manera, tendrás la visión y el criterio para entender cuáles oportunidades realmente son convenientes y cuáles te pueden perjudicar a largo plazo.

Asimismo, nunca debes perder de vista el hecho de que, si bien eres un ser humano y, sin duda, uno muy valioso, es importante que mantengas las perspectiva de que eres un perfil con una posición clara y debes mantenerla de la mejor forma posible, así como buscas mantener tu reputación de manera responsable en tu vida diaria. También aprenderás que tener éxito en cualquier ámbito de la vida es algo muy difícil de lograr solo, siempre debes aliarte a personas capaces de elevar tu potencial, así como tu broker debe ser elegido pensando en cómo sería capaz de ayudarte a maximizar tus ganancias, tu broker debe existir en función de tus necesidades y este debe guiarte en un proceso en el que, si bien te estás iniciando, deseas crecer y crecer a largo plazo.

Tener claro que el Swing Trading no es una apuesta al azar, sino un método de inversión con códigos definidos sobre los cuales ya te estás informando y siempre podrás aprender más, esto aplica para otras áreas de tu vida en los cuales necesites accionar de forma asertiva, sabiendo que no dependes de la bondad del destino, sino que sabes a dónde vas y qué quieres obtener, además de tener contemplado igualmente, cuánto podrías perder y cómo reparar los daños de esta pérdida.

Es una realidad muy difícil de aceptar el hecho de que siempre existen posibilidades de pérdida, nadie quiere ser el perdedor y sin embargo, hay muchísimas personas tomando riesgos para mejorar sus vidas, pero no pierdas de vista que existen muchas más quedándose estancadas en situaciones que no les generan satisfacción, ni opciones de mejorar, sólo por quedarse en lo conocido, ya que creen que lo conocido es más seguro que tomar un riesgo capaz de cambiar tus condiciones dadas (para mejor o tal vez, si las cosas no salen bien, para mal). Sabemos que los cambios pueden ser dolorosos, pero cambiar de mentalidad también puede ser liberador, genera las condiciones que necesitas para crecer y eso siempre es beneficioso.

De la misma forma, ser consciente de cuándo las condiciones precisas están dadas, es otro de los puntos del trading que podrás implementar en tu vida. Muchas veces la desesperación genera que, a través del miedo y el terror, tomemos decisiones que de otra forma no habríamos tomado. Entonces, entender los puntos que compartimos sobre psicología de mercado, te abrirá la mente ante los beneficios de la paciencia y la espera, además de la observación de la conducta humana y su miedo a perder.

Entender la relevancia de los análisis fundamentales y técnicos y cómo estar bien informado del contexto del entorno en que trabajas, afecta tu posición. Incluso, entender cómo la política incide en el presente económico y, por ende, en todas tus acciones, te dará las condiciones para operar con mayor precaución y una mejor actitud ante las vicisitudes del mercado, tan cambiante como puede llegar a ser el mismo ser humano.

La psicología de mercado te dará las herramientas para entenderte mejor a ti mismo y a los demás. Esto no solo será ventajoso en tanto serás un mejor trader, sino que serás una persona más capacitada para hacer introspección y revisitar tus errores, mejorarlos, dar consejos más acertados a las personas que te rodean, incluso serás un mejor trabajador y un mejor jefe porque nunca operarás desde la desesperación, sino desde la visibilidad certera que da la paciencia y la preparación.

En cuanto a la preparación, espero que ya estés más claro de por dónde empezar y cómo prepararte para cuando las oportunidades lleguen porque sí. Las oportunidades llegarán a tu puerta en su momento dado y es fundamental que tengas la preparación y la disposición para tomar esas oportunidades y transformarlas, manifestarlas de la manera en que siempre has soñado. Así que, eso empieza desde antes, debes documentarte y asesorarte con los mejores, tanto en los negocios como en la vida, en general, siempre debes estar en condiciones de práctica y estudio, nunca debes dejar de aprender cosas nuevas que puedan enriquecer tus negocios y quién eres como persona.

Espero que lo aprendido en este libro te sea de gran ayuda y transformes tu vida a partir del Swing Trading y todos los elementos relacionados al mismo, los cuales seguramente mejorarán toda tu vida a corto, mediano y largo plazo.

www.ingramcontent.com/pod-product-compliance
Lightning Source LLC
Chambersburg PA
CBHW071519210326
41597CB00018B/2817